KB201807

노년기와
삶의 의미

노년기와
삶의 의미

조홍길 지음

목차

들어가는 말

2024년의 여름은 어마어마하게 더웠다. 그러나 아무도 이렇게 더운 여름이 되리라고 예상하지는 못했다. 열대야는 기상관측 상 최장기에 달해 멀쩡한 사람도 잠을 설치기 일쑤였다. 사람들은 '지구온난화'로 더울 것이라고 막연히 예상하긴 했지만 막상 더운 여름이 시작되자 사람들은 더위를 견디기 어려워했고 특히 노약자들에게 여름은 시련의 시기가 되어버렸다.

그럼에도 불구하고 한국인들은 '지구온난화'를 예사롭게 생각하고 있었다. 부유한 한국인들은 에어컨으로 더위를 피해 갈 수 있었을 테지만 에어컨 돌릴 형편이 되지 않는 한국인들은 선풍기 1대로 무더위를 견뎌낼 수밖에 없었다.

하필이면 이때 본인의 형님도 병마와 싸우면서 선풍기 1대로 지하 단칸방에서 더위를 견뎌내야 했다. 그 결과 오랜 지병으로 별세하였다. 한마디로 고독사였다. 형님이 죽음을 홀로 맞이했을 때 형님은 얼마나 외롭고 쓸쓸했을까.

사람은 언젠가 죽기 마련이다. 철학적으로 보면, 소크라테스의 말처럼 죽음은 슬퍼할 일도 괴로워할 일도 아닐지 모른다. 인간은 죽음으로써 그 영혼이 육체의 감옥으로부터 해방되어 천상으로 돌아갈 수 있을 테니까. 또한 형님이 70살이 되어 별세하여서 살 만큼 살았다고 말할 수도 있겠다. 하지만 형님이 병으로 고생만 하다가 고독한 죽음을 맞이한 건 인간적으로 가슴 아픈 일이지 않는가.

그리하여 형님의 별세는 본인에게 말할 수 없는 슬픔을 안겨 주었을 뿐만 아니라 심지어 본인의 삶의 의욕마저 꺾어 놓았다. 그리고 본인에게 삶과 죽음의 문제를 다시금 사유하도록 하였다. 게다가 노년의 문제를 생애주기와 삶의 의미에 비추어 사유하는 계기를 주었다.

이 책은 노인들이 어떻게 노년기에 건강하고 행복한 삶을 보낼 수 있는가를 탐구하는 책으로 원래 기획된 것이었지만 형님이 갑자기 별세함으로써 형님을 추모하는 책이 되어버렸다. 그러나 이 책의 제목은 형님과 함께 정했던 《노년기와 삶의 의미》 그대로 두었다. 책 내용은 불가피하게 건강하고 행복한 노년기의 삶에 대한 내용에다가 형님을 추모하는 내용이 조금 더 추가될 수밖에 없었다. 책의 제목은 물론 책의 내용도 형님으로부터 영감을 받았다. 형님의 영전에 이 자그마한 책을 바친다.

형님이 그립고 그립다. 그리움의 눈물을 삼키고 이 글을 쓴다.

1

생애주기(Life Cycle)와
노년기

생애주기에 관하여 고대의 동서양에서는 봄, 여름, 가을, 겨울과 같은 계절의 변화에 빗대어 생각했다. 단지 동양에서는 양생의 관점에서 생애주기를 보았을 뿐이다.

"여자는 7세가 되면 신기(腎氣)가 차오르기 시작하여 유치(幼齒)를 갈고 머리털도 길게 자랍니다. … 21세가 되면 신기가 충만해지므로 사랑니가 나오고 모든 치아가 완전하게 발육됩니다. 28세가 되면 뼈와 근육이 단단해지고 머리털의 생장이 극에 달하며 신체가 강성해집니다. 35세가 되면 …양명맥(陽明脈)의 기혈이 점차 쇠하여 얼굴이 초췌해지고 머리털이 빠지기 시작합니다. 42세가 되면 상부로 순행하는 삼양맥(三陽脈)의 기혈이 쇠약해져서 얼굴이 완전히 초췌해지고 머리털이 빠지기 시작합니다. 49세가 되면 임맥이 허해지고 … 몸이 쇠약해져서 … 늙어 아이를 낳지 못하게 됩니다.

남자는 8세가 되면 신기가 차오르기 시작하여 머리털이 길게 자라고 유치도 갈게 됩니다. 16세가 되면 신기가 왕성해지고 …정기가 넘치고 사정할 수 있으므로 남녀가 교합하면 아이를 낳을 수 있습니다. 24세가 되면 신기가 충만해져서 뼈와 근육이 강해지기 때문에 사랑니가 나오고 모든 치아가 완전히 발육됩니다. 32세가 되면 정신의 발육이 정점에 달하여 뼈와 근육이 더욱 단단해지고 기육(肌肉)이 풍만하고 견실해집니다. 40세가 되면 신기가 쇠약해지기 시작하여 머리털이 빠지고 치아가 약해집니다. 48세가 되면 양기가 상부에서 고갈되어 안색이 나빠지고 수염과 머리털이 세기 시작합니다. 56세가 되면 간기가 쇠약해져서 근육을 제대로 움직이지 못하고 … 64세가 되면 모든 신체 기능이 떨어져서 치아와 머리털이 다 빠집니다."(《황제내경》, 〈상고천진론편〉)

이와 같이 《황제내경》에서는 생애주기를 기혈의 흐름에 따라 봄에는 낳고(生) 여름에는 기르고(長) 가을에는 거두고(收) 겨울에는 보관한다(藏)는 계절 변화의 길에 빗대어 이해했다.

서양의 고대에도 이와 유사하게 생애주기를 보았다.

> "그(피타고라스)는 인간의 생애를 다음과 같이 나누기도 한다. 소년이 20년, 청년이 20년, 장년이 20년, 노년이 20년. 그리고 이 연령대는 네 계절과 대칭을 이룬다. 즉 소년은 봄, 청년은 여름, 장년은 가을, 노년은 겨울이다."[1]

오늘날에는 고대보다 인간의 평균수명이 늘어나서 이와 같은 구분이 꼭 맞아떨어지는 건 아닐 것이다. 그러나 그 대체적 흐름은 여전히 맞다고 할 수 있을 것이다.

---

1   키케로, 《노(老)카토 노년론》, 김남우 옮김, 아카넷, 2023, p.55, 각주 117.

정신분석학자 에릭슨은 20세기 들어서서 모범적인 생애주기의 도표를 만들어 내었다. 그에 따르면 생애주기는 1. 유아기, 2. 유년기 초기, 3. 놀이기, 4. 학령기, 5. 청소년기, 6. 청년기, 7. 성인기, 8. 노년기로 세분하였다. 그는 자아의 발달과 자아 정체성의 형성에 근거해 생애주기를 나누었다.

노년기는 오늘날 평균수명이 늘어났으므로 대략 70세 전후라고 해도 좋을 것이다. 물론 7, 80이 되어도 정정한 사람도 있고 100세가 넘어도 여전히 노익장을 과시하는 사람들이 있긴 하지만, 건강상으로 보면 노화가 60대가 되면 본격적으로 시작된다. 그러므로 70세 이상이 노년기에 속한다고 간주할 수 있을 것이다.

본인도 70살에 가까우므로 노년기에 접어들었다고 말할 수 있을 것이다. 고등학교 동기들도 하나둘씩 사라지고 있고 기력도 예전 같지 않다. 기억력도 가물가물하고 눈도 침침하고 귀도 어두워지고 있다. 몸으로 노화를 실감하고 있다.

2
___

노인과 건강

자본주의 사회에 살고 있는 사람들이 돈을 밝히는 게 당연한 일일 테지만 노년기에 접어든 노인들의 최고의 관심은 역시 건강일 것이다. 노년기에 접어들면서 건강을 돈으로 살 수 없음을 깨닫게 된다. 그리고 노년기에 노화현상이 걷잡을 수 없이 일어나므로 일상생활조차도 자율적으로 영위할 능력을 잃게 되기 때문이다. 7, 80대가 되면 노인들은

"최고의 관리를 받는 신체도 약해지고 예전처럼 기능을 다하지 않는다. 힘과 통제력을 유지하기 위해 온갖 노력을 해도 신체는 자율성을 지속적으로

잃어간다. … 자립과 자기 통제가 어려워질 때 자존감과 자신감은 약해진다. … 기능의 상실과 붕괴는 노인의 주의력을 거의 전적으로 요구할 수도 있다. 노인의 주의력은 일상적인 기능에 대한 우려에 완전히 사로잡혀 지나온 삶에 얼마나 만족하는지와 상관없이 이제는 별 탈 없이 하루를 보내는 것만으로도 만족해야 하는 상황이 된다."[2]

에릭슨은 자아 발달과 자아 통합의 관점에서 생애주기를 9단계로 나누어 노년기에서 자아 통합의 가능성을 본다. 그러나 자아 통합은 자아 완성이긴 하지만 자아의 초월(Transcendence)이기도 하다. 따라서 노년기에 자아는 부정되는 셈이다. Transcendence를 Transcendance로 살짝 바꿈으로써 에릭슨은 자아 초월의 의미를 확장한다.

---

2   에릭슨,《인생의 아홉 단계》, 교양인, 2019, p.166 이하. 에릭슨은 생애주기를 8단계로 나누었지만 그가 죽고 난 뒤에 에릭슨의 동료이자 부인인 조앤 에릭슨이 9단계로 세분하였다.

"노년의 초월에 도달한다는 것은 세상과 시간에서 벗어나 그것을 능가하고 뛰어넘는 것이다. … 'Transcendance'는 놀이, 활동, 기쁨, 노래 같은 그 동안 잃어버렸던 기능들을 되찾는 것이며 특히 죽음에 대한 두려움을 뛰어넘는 것이다. … 삶의 위대한 춤(dance)은 몸과 정신, 영혼과 관련된 모든 것을 재료로 삼아 직접 만들고 실천하는 영역으로 우리를 이끌 수 있다. 나이가 들어 초라함을 느낄 즈음 불현듯 거대한 풍요가 나타나 내 몸 구석구석을 비추고 이 세상 모든 것의 아름다움에 다가가는 것에 큰 감동을 받는다."[3]

이러한 춤에 상응하는 동양의 춤은 무엇일까? 그것은 태극권의 춤이 아닐까. 태극권은 무술이라기보다는 노인의 건강을 회복시켜 주는 기공체조, 즉 춤과 같은 것이다. 태극권의 춤에 집중하면 무아(無我), 무심(無心)의 경지에 우리는 들어가 천인합일을 체험할 수 있다. 그리하여 덤으로 우리는 건강

---

3 앞의 책, p.198 이하.

을 자연스럽게 회복할 수 있는 것이다. 느리고 부드러우면서도 강인한 춤이 노인의 기력을 회복시키는 셈이다.

우리는 흔히 몸의 건강만을 걱정한다. 그러나 병은 마음을 다스리지 못할 때 오는 경우가 많다. 그리고 마음을 다스리는 법은 무심보다 좋은 것이 없다.

> "사람이 무심하면 도와 합하는 법이요, 유심하면 도와 멀어진다. 이 무라는 법이 모든 유를 포섭하여 남김이 없고, 만물을 낳아서 다함이 없으니."(《동의보감》, p.6.)

3

노인과 일

일반적으로 어떤 직장이라도 정년이 있어 노인이 되면 일을 그만두고 쉬어야 한다. 노인은 여러 가지 기능이 노화되어 일을 할 수 없는 사람으로 취급되기 마련이다. 노인은 그냥 재활용품이 아니라 쓸모없는 물건으로 취급될 뿐이다.

> "우리 사회가 일반적으로 노인들을 대하는 태도는 당혹스럽기만 하다. 역사적, 인류학적, 종교적 문헌들은 고대사회의 노인들이 환영받는 존재였으며 심지어 공경의 대상이었다고 기록하지만, 노인들에 대한 금세기의 반응은 비웃음과 경멸, 심지어

혐오로 표출되고 있다.”[4]

초고령사회에서 노동력이 부족해지자 노인의 경험과 지혜가 새롭게 인정 받고 있긴 하지만 여전히 노인은 무기력한 존재로 멸시당하고 있다.

철학자 키케로는 이러한 풍조에 맞서서 노년의 활력과 가치를 제시하였다.

> “자네들은 명심해야 할 것인바, 노년은 무기력하거나 활기 없는 때가 아니며, 오히려 바쁘고 언제나 무엇인가를—물론 각자 지난날에 열정을 쏟았던 것들이겠지만—기획하고 실천하는 때라네. 솔론이 시를 통해 자랑스럽게 '무언가를 매일 새롭게 배워 가면서 노인이 되어 간다'고 말했음을 우리는 알고 있고, 나도 노인이 되어서 그리스 문학을 공부한 것처럼, 어떤가, 노인들은 계속 배워 가는 것이 아닌가?”[5]

---

4 《인생의 아홉 단계》, p.180.

5 키케로, 《노(老)카토 노년론》, 김남우 옮김, 아카넷, 2019, p.48.

활기 있고 열정적인 노년을 보내려는 노인들은, 아니 일반적으로 노인들은 존중받고 인간으로 대우받아야 마땅하다고 키케로는 강조하는 셈이다.

노인들은 나이가 들어감에 따라 근력도 떨어지고 힘도 약해진다. 그 때문에 노인들이 일을 할 수 없는 건 아니다. 노인들의 힘에 알맞은 일을 노인들이 찾아서 하면 된다.

> "그렇다면 노년은 힘이 없는가? 물론 노년에는 힘이 요구되는 일도 없다네. 그래서 우리 나이에 이르면 법과 관례에 따라 힘이 없으면 할 수 없는 일들은 면제되는 법이고, 그래서 우리 노인들이 할 수 없는 일은 요구받는 경우가 없을뿐더러, 우리가 할 수 있는 만큼을 요구받는 일조차 없다네. 그래, 일체의 의무도 삶의 도리도 전혀 수행할 수 없을 정도로 유약한 노인들이 실로 많기는 하지. 하지만 그것은 절대로 노년에만 고유한 결함이 아니며, 병약함의 공통적 결함이라네."[6]

---

6   앞의 책, p.56.

그래서 키케로는 노년들도 병약함에서 벗어나기 위해 건강관리를 잘하여 몸을 단련할 뿐만 아니라 아울러 정신과 영혼도 철학을 통해 단련할 것을 주문하였다. 노인들을 향한 키케로의 이런 주문은 오늘날에도 유효한 것이다. 자율적으로 일을 처리하고 절제된 생활을 하는 노년이라면 그런 노년은 아름다운 것이라고 평가할 수 있을 것이기 때문이다. 그런 점에서 노인이라고 마냥 비아냥거리거나 노인을 존중하지 않고 불손하게 대하는 청년들은 불손하고 방탕한 사람들로서 비난받아야 마땅할 것이다.

4

노인과 쾌락

사람들이 노년을 비방하는 근거로 노년에는 쾌락을 누릴 수 없다는 것을 키케로는 들었다. 이에 대해 오히려 키케로는 쾌락에 연연하지 않는 노년을 칭송하였다.

> "이어 사람들이 노년을 비방하는 세 번째 이유는 노년은 쾌락이 없다는 것이네. 그런데 이는 얼마나 대단한 노년의 선물인가! 노년은 청년기의 더없이 크나큰 과오를 우리에게서 없애 주었네."[7]

---

7   키케로, 《노(老)카토 노년론》, 김남우 옮김, 아카넷, 2019, p.61.

키케로의 이 비방에 대한 다음과 같은 답변은 키케로가 플라톤철학과 스토아학파의 강한 영향을 받은 듯하다.

> "그는 자연에 의해 주어진 것들 가운데 육체적 쾌락보다 인간에게 치명적인 역병은 없으며, 탐욕스러운 욕정은 이런 쾌락을 마구잡이로 방탕하게 즐기도록 인간을 부추기며, 여기로부터 조국의 배신이, 여기로부터 국가의 전복이, 여기로부터 적들과의 은밀한 내통이 생겨난다고 하였네. 결국 모든 범죄가, 모든 악행이 쾌락의 욕정으로부터 부추김을 받은 것이라 하였으며 실은 강간, 간통 모든 그런 추행은 다른 어떤 것이 아니라 쾌락이라는 미끼에 걸려든 것이라고도 하였다네."[8]

육체적 쾌락에 미혹되어 방탕한 생활을 하는 청년을 비판하고 이성적으로 절제된 삶을 꾸리려는 노년의 삶을 그는 지지하기 때문이다.

---

8   앞의 책, p.61 이하.

오늘날에는 노년들이 청년들처럼 육체적 쾌락을 추구하는 방탕한 삶을 살려고 하는데 이건 노인들의 수치스러운 과오가 아닐까 여겨진다. 키케로의 말을 계속해서 들어보면 그의 이성 중심적 금욕주의가 확실히 드러난다.

> "우리가 이성과 지혜로 쾌락을 물리칠 수 없을 때, 노년은 우리가 해서는 안 될 일을 추구하지 않게 해 주었으니, 노년에게 커다란 감사의 마음을 가져야 한다는 것을 알아야 하네. 쾌락은 사리분별의 훼방꾼이며, 이성의 원수이며, 정신의 눈을 가린 소위 눈가리개인바, 쾌락은 덕과 아무런 왕래가 없는 것이라네."[9]

그래서 술자리도 친구와 만나 대화를 나누는 유쾌함에 한정되어야지 술과 음식의 쾌락은 기피되어야 한다고 키케로는 지적하였다. 친구를 만나 유쾌한 대화로 우정을 나누는 건 지혜로운 일이지만 술

---

9 앞의 책, p.64.

에 고주망태가 되어 감각적 쾌락에 빠지는 건 방탕한 삶에 불과하기 때문이다. 동양의 예를 들어 본다면, 삼국지 서시가 있다.

> 도도히 흐르는 장강. 동녘으로 흘러가는 물 위에
> 거품처럼 일어났다 사라지는 영웅의 모습.
> 옳고 그르고 이름이 있고 없고 간에 모두가 허황하도다.
> 청산은 옛날과 같은데
> 석양의 노을이여,
> 흰머리 나부끼는 강가의 저 늙은 어부 가을달 봄바람을 몇 번이나 맛보았던고.
> 막걸리 한 병을 앞에다 두고 옛친구를 만나
> 고금의 크고 작은 일을
> 웃음 속에 띄워 보내네.

> 滾滾長江東斷水
> 浪花淘盡英雄
> 是非成敗轉頭空
> 青山依舊在 幾度夕陽紅
> 白髮漁樵江渚上

慣看秋丹春風
一壺濁酒喜相逢
古今多少事
都付笑談中[10]

이 시는 삼국지 서두에 나오는 시다. 그리고 육체
적 쾌락을 추구하는 게 아니라 역사와 인생을 달관
하는 정서적 경지를 친구와의 술자리 담소와 교감
을 통해 드러낸 시다. 그런 점에서 대화의 유쾌함으
로 우리를 안내한다.

키케로의 노년 예찬은 계속된다.

"그래서 나는 노년을 대단히 고맙게 여기는데 노
년은 나에게 대화의 욕심을 늘려놓았고 술과 음식
의 욕심은 없애 주었기 때문이네."[11]

더 나아가 키케로의 노년 예찬은 일반화된다.

---

10   나관중,《삼국지》1권, 김동성 옮김, 을유문화사, 1977. p.14.

11   키케로,《노(老)카토 노년론》, 김남우 옮김, 아카넷, 2019, p.69.

"욕정, 출세, 경쟁, 대결 등 온갖 욕망의 복무를 마치고 나서 스스로에 머물고, 흔히 말해지듯이, 자기 자신과 함께 살아간다는 것은 노년의 영혼에게 얼마나 대단한 일인가! 그리하여 노년의 영혼이 학문과 탐구라는 양식을 얻게 된다면 욕망의 복무에서 자유로운 노년보다 즐거운 것은 없을 것이네."[12]

더군다나 노년이 되어 전원으로 은퇴하여 농사를 짓고 철학을 공부하는 삶을 살아간다면 많은 즐거움을 누리고 행복하지 않겠느냐고 키케로는 덧붙인다. 그의 이러한 훈계는, 비록 《황제내경》이 이성을 내세우지 않았더라도, 키케로의 훈계는 《황제내경》의 양생의 도(道)와 일맥상통한다.

"상고시대 사람들은 양생의 도를 알았기 때문에 천지 음양의 자연 변화에 따르고 양생하는 각종 방법을 적당히 이용하면서 음식을 절도 있게 먹고 일상생활도 규칙적으로 하였으며 분별없이 몸을 괴

---

12   앞의 책, p.72.

롭히지 않았기 때문에 몸과 정신을 다 건강하게 할 수 있어 천수를 누려 100살을 살 수 있었습니다. 그러나 지금 사람들은 그렇지 못하여, 술을 음료수 마시듯 하고 분별없는 짓을 일삼으며, 취한 상태에서 방사를 행하고 욕정으로 정기를 고갈시켜 진원을 소모함으로써 진원을 충만하게 유지할 줄 모르고 때로 정신을 가다듬을 줄 모르며 다만 일시적 쾌락에 힘쓰고 정상적인 생활의 즐거움을 위반하여 생활에 절도가 없기 때문에 50살만 되어도 쇠약해집니다."(《황제내경》, 〈상고천진론편〉)

기후 위기의 시대에 쾌락을 추구하는 방탕한 생활이 인류를 위기의 심연으로 몰아넣고 있지 않나 본인은 우려된다. 그런 점에서 절제의 덕목은 반드시 다시금 요청되지 않을 수 없을 것이다.

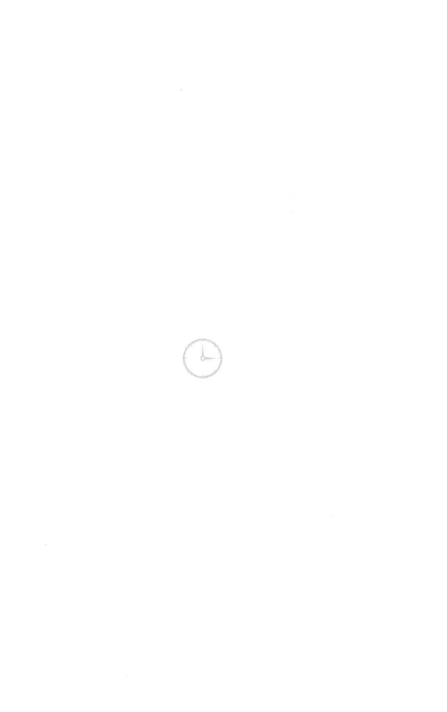

5

노인과 죽음

늙어 죽은 뒤에 영혼은 여전히 존속할까? 죽고 난 뒤에 저승은 있을까? 죽은 뒤에 영혼은 환생하여 윤회할까? 이런 물음들에 대해 오늘날 사람들은 대부분 아니라고 대답할 것이다. 대부분의 현대인은 영혼이 있으며 사후세계에서 환생하고 윤회한다는 것을 부정한다. 그리고 그들은 사람이 죽으면 그걸로 끝이라고 생각할 것이다. 설령 그들 가운데 영혼이 사멸하지 않고 사후세계가 있으며 영혼은 환생하여 윤회한다고 믿는 사람들이 있다고 하더라도, 이들조차도 저승보다도 이승을 중시하고 그럼으로써 죽음에 대한 공포를 떨쳐 버리지 못한다. 이런 물음들에 대해 오늘날 우리는 확실한 답을 내릴 수 없다. 그러나 우리가 고대로 돌아간다면 영혼이 불멸하고 영혼이 환생하여 윤회한다고 많은 사람이 믿었음을 알 수 있다.

특히 플라톤은 영혼이 불멸하여 윤회한다고 확실히 믿었다. 플라톤 철학이 서양철학이긴 하지만 불교철학과 같은 윤회사상이 두드러지게 드러나는 것은 확실하지는 않지만 동양의 불교철학으로부터 영향을 받았다고 추정하는 학자들도 있다.

플라톤에 따르면 인간의 영혼은 본래 천상에서 사물의 완전한 형상, 즉 이데아를 순수하게 관조하면서 지내고 있었다. 그러다가 어찌 잘못하여 영혼이 천상에서 떨어져 육체에 갇히게 되었다. 육체에 갇힌 영혼은 육체의 욕망과 쾌락에 영향을 받아 이데아를 더 이상 순수하게 인식하지 못하고 육체의 욕망과 쾌락으로 더럽혀지게 되었다. 그래서 육체는 영혼의 감옥인 셈이다. 다시금 이데아의 아름다움을 순수하게 관조하려면 영혼은 육체의 욕망과 쾌락으로 인한 오염을 정화하여야 한다.

영혼은 불멸하고 분해되지 않지만 육체는 죽어 썩어 문드러진다. 영혼이 육체의 감옥을 벗어나는 최선의 방도는 죽음이다. 사람이 죽음으로써 육체의 욕망과 쾌락이라는 훼방꾼을 물리치고 신적인 이데아의 세계로 돌아갈 수 있을 터이기 때문이다.

그런 점에서 플라톤철학에서는 죽음은 더 이상 저주가 아니라 영원한 삶을 위한 축복이다. 아마도 플라톤의 이런 생각은 죽음을 예찬하려는 의도에서 나온 생각이라기보다는 죽음에 대한 공포를 극복하기 위한 방편으로서 나온 생각이 아닌가 생각된다.

영혼이 불멸하고 윤회한다는 그의 사상은 과학적으로 증명할 수 없다. 죽음을 피할 수 없는 인간에게 죽음을 버텨낼 수 있는 용기와 위안을 줄 따름이다.

죽으면 그걸로 끝이라고 우리가 생각한다면 우리의 삶 자체가 비참해지기 때문에 플라톤이 영혼

불멸과 윤회의 신화를 고안하지 않았을까.[13] 그리고
이승의 맞은편에 저승이 있음으로써 비로소 이승이
의미를 띨 수 있을 것이다.

그런 맥락에서 영혼불멸과 윤회의 사상을 너무
과학적으로만 사유하는 게 바람직한 일은 아닐 것
이다. 그것들은 과학적인 차원에 있는 사실이 아니
라 철학적이고 종교적인 차원에 있는 신화일 뿐이다.
그런 점에서 그것들을 과학이라는 잣대로 증명하려
하거나 부정하려고 하는 짓은 부적절할 것이다.

키케로의 《노년론》은 이러한 플라톤의 생각을 배
경에 깔고 있다.

우리는 청년은 죽음과 거리가 멀고 노인은 죽음
과 가깝다고 으레 생각한다. 그래서 노년은 살날이
많이 남지 않기 때문에 노년을 죽음과 연결시키고
불안하게 여긴다. 그러나 키케로는 영혼이 불멸하
다는 믿음에 근거하여 죽음을 두려워하거나 불안해

---

13 플라톤은 영혼불멸과 윤회 사상을 에르 신화 등을 통해 표명하고 있다.

할 필요가 없으며 오히려 청년이 죽음의 변고를 당하기가 쉬움을 역설하였다.

"만약 죽음으로 영혼이 완전히 소멸한다면 죽음은 전혀 걱정할 일이 아니며, 혹은 영혼이 영원히 머물게 될 곳으로 죽음이 영혼을 이끌어 간다면 죽음은 오히려 바라 마지않을 일이기 때문이지. 따라서 죽음 이후에 전혀 불행하지 않거나 오히려 행복하기까지 한다면, 두려워할 이유가 무엇인가? … 사실 젊은 나이는 우리 나이보다 맞닥뜨릴 치명적 변고가 훨씬 더 많은 고로, 젊은이들이 그만큼 더 쉽게 건강을 잃고, 그만큼 더 중하게 병을 치르고, 회복은 그만큼 더 쉽지 않은 법이지 … 하지만 임박한 죽음을 다시 이야기하자면, 그것이 어디 노년을 비난할 이유가 되는가? 죽음은 노년과 청년의 공통 사항이 아닌가?"[14]

영혼불멸의 믿음은 오늘날 받아들이기 힘들다 하더라도 죽음을 두려워하지 않는 노년의 기백과 지

---

14 키케로, 《노(老)카토 노년론》, 김남우 옮김, 아카넷, 2019, p.89 이하.

혜는 오늘날 본받아야 하는 일이 아닌가 생각된다. 이런 노인들의 기백과 지혜가 공동체를 유지하고 젊은이들이 기댈 수 있는 공동체의 언덕이 될 수 있기 때문이다. 더군다나 노인들이 죽음을 두려워하지 않고 받아들일 때 그런 태도는 죽음을 자연의 섭리로서 간주하는 훌륭한 태도가 아닐까 생각되기 때문이다.

"자연에 순응하는 모든 것은 좋은 것으로 간주되어야 하네. 노인들이 죽어 사라지는 것보다 더 자연에 순응하는 일은 무엇이겠나? 청년들에게 자연에 반대하고 거부하는 죽음이 닥치는데, 그래서 나는 청년들의 죽음을 마치 물이 왕창 쏟아져 불을 덮쳐버린 것과 같다고 생각한다네. 노인들의 죽음은 불이 화력을 소진하고 외력 없이 저절로 꺼져버리는 일과 같지만 말일세. 풋사과는 나무에서 힘으로 따내지만 완숙하여 무르익은 사과는 저절로 떨어지는 것처럼, 청년들은 강제로 삶을 마치게 되지만, 노인들은 완숙으로 삶을 마치게 되네. 따라서 나로서는 실로 아주 즐거운 일인데, 죽음에 가까이

다가갈수록 나는 육지를 바라보며, 오랜 항해 끝에
마침내 항구에 들어가는구나 생각한다네."[15]

키케로가 죽음을 자연스럽게 받아들이라는 권고
에서 본인은 노장의 무위자연 사상과의 유사성을
엿보지 않을 수 없다. 따라서 플라톤이 삶을 부정하
고 죽음을 동경했다는 니체의 비판에도 불구하고
이런 점은 높이 평가해야 하지 않을까 생각한다. 키
케로는 다음과 같이 니체의 비판을 피할 수 있는 말
도 덧붙였다.

"그러므로 노인은 얼마 남지 않은 삶에 집착해서
도 안 되지만, 그렇다고 아무런 이유 없이 삶을 버
려서도 안 되는 것이네."[16]

따라서 키케로의 《노년론》도 삶을 부정하고 죽음

---

15   앞의 책, p.92.

16   앞의 책, p.93.

을 예찬하는 글이라기보다는 노년에 얼마 남지 않는 삶에 연연하여 죽음을 두려워하는 태도를 극복하려는 글이라고 보아야 할 것이다. 플라톤, 소크라테스의 영혼불멸설을 받아들여 죽음에 당당하게 맞서는 노년의 품격을 죽음을 앞둔 노인이 드러내라는 것이 키케로의 뜻인 것 같다. 게다가 노년의 이런 기백이 노년을 위로할 수 있을 뿐만 아니라 젊은 이들의 귀감이 되어 공동체를 유지하는 바탕이 될 수도 있음을 키케로는 역설하고 있는 셈이다.

6

노인과 공동체

〈노인을 위한 나라는 없다〉라는 영화 제목처럼 현실적으로 노인을 배려하고 인간적으로 대우하는 나라는 없는 것 같다. 특히 한국 사회는 일본 사회의 뒤를 이어 급속하게 초고령사회로 나아가고 있다. 그렇지만 일본 사회보다 더 노인들의 빈곤이 심화되고 있으면서도 고령사회에 대한 대비는 거의 이루어지지 않았다. 그래서 한국 사회의 노인들은 빈곤으로 고통을 겪고 있을 뿐만 아니라 개인적으로 준비되지 않는 노후 대비로 말미암아 다중고를 겪고 있는 셈이다. 게다가 사회적으로도 충분히 고령사회에 대한 대비가 이루어지지 않고 있는 실정이다.

　미국 사회를 살아가고 있는 노인 에릭슨도 미국 사회의 미진한 노후 대비에 대해 다음과 같이 일침을 놓았다.

　"알다시피 이 나라에서 낡고 쓸모없는 것들은 쓰레기 처리장으로 보내진다. … 우리는 노인들을 쓰레기 처리장으로 보내지 않는다. 그렇지만 그들의 재생을 위해 충분히 노력하는 것도 아니다. … 모든 보건 전문가들은 건강과 이동 능력을 유지하기 위해 규칙적인 걷기 같은 최소한의 운동이라도 하기를 권한다. 하지만 노인들이 천천히 걸을 수 있는 안전한 보행로가 있는 도시는 거의 없다. 쇼핑을 마치고 집으로 돌아가는 노인들이 장바구니를 내려놓고 잠깐 숨을 돌릴 수 있도록 인도에 벤치를 설치해 놓은 도시를 이 나라에서 본 적이 있는가? …노인들에게 도움을 줄 때도 호들갑스럽고 지나친 경향이 있다. 노인들의 자부심은 상처를 입고 자존감은 위기에 처해 있다. 놀이가 완전히 배제된 제2의 유년기가 노인들에게 주어졌다. 노인들이 계단을 잘 오르지 못하거나 걷다가 비틀거리면 그것은 사고능력과 기억력 감퇴와 동일시되곤 한다."[17]

미국 사회의 노인들은 한국 사회보다 사정이 나아 노인 빈곤의 문제는 겪지 않겠지만 그들도 존중받지도 못하고 공동체로부터 인간적인 배려를 받지 못하고 있다고 에릭슨은 평가한다. 일반적으로 노인들은 공동체로부터 소외되어 고독감과 무료감에 사로잡혀 살아가고 있는 셈이다.

노인 문제 중에서도 가장 중요한 요소는 건강이라고 할 수 있다. 독립적으로 움직이지 못하는 노인들이 의외로 우리 주위에는 많다. 그래서 미국의 노인학회가 건강한 노후에 필수적인 다섯 가지 요소, 즉 5M(Mobility, Mind, Medication, Multicomplexity, Matters most to be)을 들었다. Mobility는 자유로운 활동성, 이동성과 같은 신체적 기능을, Mind는 인지적 기능을, Medication은 다약

---

17 《인생의 아홉 단계》, p.179 이하.

제 복용을, Multicomplexity는 다양한 질환의 예방을, Matters most to be는 삶의 의미를 가리킨다.[18]

건강한 노후를 위해서는 노인들은 젊을 때부터 건강 관리를 해야 할 뿐만 아니라 체력 단련을 해야 한다. 또한 노인들은 다양한 질환에 걸리기 쉬우므로 이에 대한 약도 준비해야 한다. 인지기능의 쇠퇴를 막기 위해서는 노인이 되어서도 외국어 공부나 독서 같은 취미활동을 해 나가는 것도 바람직하다. 마지막으로 자신의 삶의 의미를 찾아 나서야 한다. 이것은 "5M 중에서도 가장 중요한 사항인지도 모른다. 과학적 근거에 기반한 건강하게 나이 드는 법이 아무리 많은 사람에게 도움이 된다고 해도 당신의 삶의 의미를 훼손한다면 당신에게는 해가 될 수 있다. 삶의 의미에는 모든 의학적 근거를 뒤집을 만큼 강력한 힘이 있다."[19]

그렇다면 삶의 의미를 어떻게 찾아야 할까? 정신

---

18 아마다 유지, 《최고의 노후》, 김동민 옮김, 루미너스, 2024, p.5.

19 앞의 책, p.272.

과 의사인 프랭클은 다음과 같이 조언하였다.

"나는 의사들이 이 질문에 대해 일률적인 대답을
해 줄 수는 없다고 생각한다. 왜냐하면 삶의 의미
는 사람에 따라, 시기에 따라, 시간에 따라 다르기
때문이다. 따라서 중요한 것은 포괄적인 삶의 의미
가 아니라 주어진 상황에서 한 개인의 삶이 갖는
고유한 의미라고 할 수 있다. …인간 실존도 마찬
가지다. 인간은 추상적인 삶의 의미를 추구해서는
안 된다. 사람에게는 누구나 구체적인 과제를 수행
할 특정한 일과 사명이 있다. 이 점에 있어서 그를
대신할 수 있는 사람은 아무도 없으며, 그의 삶 역
시 반복될 수 없다. 개인에게 부과된 임무는 거기
에 부과돼서 찾아오는 특정한 기회만큼이나 유일
한 것이다.

삶에서 마주치는 각각의 상황이 한 인간에게는 도
전이며, 그것이 그가 해결해야 할 문제를 제시한
다. 때문에 실제로는 삶의 의미를 묻는 질문이 바
뀔 수도 있다. 궁극적으로 인간은 그의 삶의 의미

가 무엇이냐를 물어서는 안 된다."[20]

따라서 종교 등에 의해 주어지는 궁극적인 삶의 의미는 뜬구름과 같은 것이다. 삶의 의미는 그 사람의 실존적 상황에서 우러나오는 것이기 때문이다.

실존주의는 서양에서는 제2차 세계 대전을 전후해서 유행한 사상적 조류다. 우리나라에서도 1950년 6.25 전쟁 이후로 문학과 철학 분야에서는 실존주의가 휩쓸다시피 하였다.

본인이 대학 철학과에 들어간 1970년대 말에 이르러서도 실존주의는 철학의 주요한 주제였다. 본인은 고등학교를 졸업할 무렵 사르트르의 《실존주의는 휴머니즘》이라는 소책자를 읽고 실존주의에 입문하였다. 사르트르는 이 책자에서 실존주의를 명쾌하게 해설하였다. 그는 이 소책자에서 인간 존재를 대자(對自Pour-soi)로, 사물 존재를 즉자(卽

---

20   빅터 프랭클, 《죽음의 수용소에서》, 이시형 옮김, 청아출판사, 2020, p.163.

自,En-soi)로 규정함으로써 인간의 자유와 책임을 강조하였다.[21]

젊은 시절의 본인에게는 실존주의는 무척 흥미롭고 탁월한 사상으로 다가왔다. 그러나 90년대에 들어서자 실존주의는 이제 퇴색하고 후기 구조주의나 포스트모더니즘에 밀려났다.

> "실존주의가 현실의 사물에 대해 탐색하고, 영어권 철학처럼 '단지 언어에만' 사로잡히지 않고 실제의 삶에 대해 논의한다는 대중적 신념은 실은 이 근원에서 자라나왔다. 이 점이 바로 실존주의의 강점이었으며, 그래서 때로 다른 철학의 무미건조함을 벗어날 수 있는 바람직한 피난처로 여겨졌던 것은 분명하다. 그러나 나는 이 사실이 실존주의 몰

---

21   즉자와 대자란 사르트르가 헤겔의 변증법에서 빌어온 용어이다. 대자란 자기 반성적이고 의식적이어서 타자를 의식하고 지향한다. 이에 반해 사물은 자기 반성적이지도 않고 의식적이지도 않아서 그냥 그대로 존재하는 것이다. 그래서 즉자라고 한다. 헤겔의 변증법에서는 즉자와 대자가 융합되지만 사르트르의 실존주의에서는 대자이면서 동시에 즉자일 수 없다.

락의 근원이기도 했다고 믿는다. 실존주의에는 구체적 상상을 옹호하는 논증을 마련할 수 있는 가능성이 전혀 없다. … 그러나 논증 없는 철학은 긴 안목으로 보면 결국 성립할 수 없다.… 실존주의 철학자들은 특히 인간에 관한 논의와 지각에 관한 논의에서 독특한 통찰을 많이 제공했지만, 그렇다 해도 철학이 계속 존속할 수 있으려면 실존의 궁극적 의미를 드러내려는 실존주의자들의 주관적인 반-과학적 독단주의는 반드시 거부되어야 한다.”[22]

그럼에도 불구하고 실존주의는 정신과 치료나 교육적인 분야에서는 여전히 새롭게 응용되고 있다. 프랭클의 정신과 치료 방법(logotherapy)도 실존주의를 정신과 치료에 응용하고 있으며 임상적으로 많은 성과를 올리고 있는 실정이다.

---

22   메리 워닉, 《실존주의》, 이명숙 · 곽광제 옮김, 서광사, 2018, p.256.

나가는 말

2024년 여름 형님이 119에 실려 인천의료원에 입원한 뒤로 형님은 병원에서, 본인은 형님의 지하 단칸방에서, 더위와 싸우며 악전고투했다. 형님은 중환자실에 있었으나 일주일 지나 일반 병실로 옮겨졌고 퇴원을 강력히 요청했다. 그래서 형님이 인천의료원을 퇴원하고 나서 형님의 뜻에 따라 요양병원에 가지 않고 형님의 지하 단칸방으로 갔다. 형님의 지하 단칸방은 환자가 지내기에는 너무 열악했다.

공교롭게도 날씨는 찌는 듯이 무더웠고 공기도 나빠 환자가 요양하기에는 적절하지 못했다. 그러나 형님이 한사코 병원으로 돌아가기를 거부해서 어쩔 수 없이 형님과 함께 한동안 지내야 했다. 혼자서 형님을 돌보기 힘들어서 동사무소에 가사도우미 지원을 요청하였다. 그리하여 가사도우미와 본인이 번갈아 가며 형님을 돌봤다. 이상하게도 집에 돌아온 후 형님은 몸이 더욱 쇠약해졌다.

형님은 죽음이 가까이 왔음을 예감하기 시작했지만 도리어 삶과 죽음에 초연한 태도를 보였다. 이런 형님의 태도가 나의 마음을 더욱 아프게 했다.

본래 형님은 영양실조로 몸은 바싹 골은 상태였고 뼈만 앙상하였다. 이런 상태에서 형님에게 영양 보충이 필요하다고 생각했다. 그러나 이게 잘못된 생각이었다. 기름진 음식에 형님의 몸이 적응하지 못했다. 마치 아우슈비츠 수용소에 감금된 유대인들이 뼈만 남은 앙상한 몸으로 기름진 음식을 탐하다가 결국 죽음에 이르는 경우와 같았다.

게다가 형님은 폐도 좋지 않아 숨쉬기도 힘들어했다. 나도 더위에 지쳐 부산에 돌아간 것이 형님과의 마지막 이별이 될 줄은 그때는 꿈에도 몰랐다. 그리하여 장기간의 더위는 누구도 예상하지 못했으며 70살의 독거노인의 목숨을 앗아갔다.

돌이켜 보건대, 병원의 간호사나 동사무소 복지 공무원 그리고 복지 단체의 사회 복지사가 많은 환자나 노약자를 돌보느라 수고가 많다는 것을 안다. 그러나 그들이 70살의 불쌍한 노인을 짐짝 취급하는 듯했고 귀찮아하는 것 같아서 눈살을 찌푸리지 않을 수 없었다. 형님을 대하는 그들의 행동에서 노인을 인간적으로 존중하고 배려하는 마음을 읽기가 힘들었다. 복지란, 이상적인 생각일는지 모르지만, 그런 마음에서 출발해야 하지 않을까.

이 책에서 바둑판 이야기는 빼놓을 수 없을 것이다. 형님은 살아 있을 때 본인에게 여러 차례 바둑판을 가져갈 것을 권했다. 하지만 본인은 이미 바둑과 결별하기로 결심하였기에 바둑판을 가져가지 않았다. 그러다가 형님이 별세한 뒤에야 형님의 권유를 곰곰이 생각해 보았다.

형님의 손때 묻은 바둑판은 형님이 젊었을 때 그 나름대로 열심히 살았다는 삶의 의미를 담고 있었다. 30년 전 교통사고로 직장과 가정을 몽땅 잃은 형님에게는 이 바둑판은 젊은 시절에 열심히 살았고 회사에서 능력을 발휘했음을 의미하는 물건이었던 것이다. 그리고 그것은 회사의 사내 바둑대회에서 우승하여 상으로 탄 것으로, 뜻밖에도, 바둑판 밑에는 무아, 무심이라는 글자가 적혀 있었다. 그것은 젊은 시절 형님의 꿈과 열정, 노력을 상징하는 물건이었다. 그런 생각이 퍼뜩 들자 추석 전날 급하게 인천으로 올라갔다. 바둑판이 의외로 무거웠으므로 집에까지 운반하느라 식겁했지만 부산까지 운반하고 나서는 무거운 마음이 조금 가벼워졌다.

그것은 형님이 동생에게 주는 마지막 선물이기도 했다. 그것은 형님이 별세하면서 동생에게 전해 주려고 했던 사랑의 선물이었다. 삶의 의미는 단순히 주어지는 게 아니라 창조되는 것이다. 꼭 대단한 것을 내포하지 않더라도 말이다.

불의의 교통사고야 어쩔 수 없다고 할지라도, 교통사고가 난 뒤에 재활에 어느 정도 성공했으면 노후 대비를 위해서 부산에 내려와 술과 담배를 끊고 건강 관리를 하면서 체력 단련을 꾸준히 하여야 했다. 그랬다면 이 같은 참사는 일어나지 않았을지 모른다.

하루아침에 가족과 직장을 단 한 번의 사고로 다 잃고 형님은 교통사고의 트라우마에서 벗어나지 못한 채 형님의 삶은 처참하게 망가졌다. 형님은 2년 정도 병원에서 재활 치료를 받고 몸이 좀 회복되었다. 몸이 좀 회복되자 교통사고 이전처럼 대학 친구들도 다시 만나기 시작했다. 친구들과 어울리다 보니 한동안 재활을 위해 끊었던 술도 많이 마시고 담배도 많이 피웠다. 그리하여 차츰 건강이 나빠지기 시작했다. 그런데 술과 담배는 형님의 비참한 상황을 위로해 주는 유일한 약이었다. 이해가 간다.

형제들은 고인이 재활할 수 있도록 도와주어야 했는데 형제들마저 그렇게 하지 못했다. 고인의 거취를 둘러싼 갈등 때문이었다. 능력 있는 다른 형님들도 이 갈등을 지혜롭게 풀지 못했다. 이 점이 못내 아쉽다.

끝으로 노래방에서 형님이 이미 교통사고로 별세한 형수님을 그리워하며 노래방에서 자주 불렀던 윤항기의 노래 〈장미빛 스카프〉 한 소절을 흥얼거려 본다.

'내가 왜 이럴까. 오지 않을 사람을…'

참고문헌

나관중,《삼국지》1권, 김동성 옮김, 을유문화사, 1977.

야마다 유지,《최고의 노후》, 김동연 옮김, 루미너스, 2024.

에릭슨,《인생의 아홉 단계》, 송제훈 옮김, 교양인, 2019.

왕빙,《황제내경》, 김기욱, 장재석 공역, 법인 문화사.

워낙, 메리,《실존주의》, 이명숙 · 곽광제 옮김, 서광사, 2018.

조홍길,《무아의 새벽》, 한국학술정보, 2019.

조홍길,《욕망의 블랙홀》, 한국학술정보, 2010.

키케로, 마르쿠스 툴리우스,《노(老)카토 노년론》, 김남우 옮김, 아카넷, 2023.

빅터 프랭클,《죽음의 수용소에서》, 이시형 옮김, 청아출판사, 2020.

최영희 외,《노인과 건강》, 현문사, 2012.

허준,《동의보감》, 동의보감국역위원회 옮김, 남산당, 1986.

노년기와
삶의 의미

초판인쇄 2024년 10월 31일
초판발행 2024년 10월 31일

지은이 조흥길
펴낸이 채종준
펴 낸 곳 한국학술정보(주)
주   소 경기도 파주시 회동길 230(문발동)
전   화 031-908-3181(대표)
팩   스 031-908-3189
홈페이지 http://ebook.kstudy.com
E-mail 출판사업부 publish@kstudy.com
등   록 제일산-115호(2000. 6. 19)

ISBN 979-11-7318-032-3 03040